São Paulo

Elam de Almeida Pimentel

São Paulo

Para pedir a força de anunciar Cristo

Novena e ladainha

EDITORA VOZES

Petrópolis

© 2014, Editora Vozes Ltda.
Rua Frei Luís, 100
25689-900 Petrópolis, RJ
Internet: http://www.vozes.com.br
Brasil

Todos os direitos reservados. Nenhuma parte desta obra poderá ser reproduzida ou transmitida por qualquer forma e/ou quaisquer meios (eletrônico ou mecânico, incluindo fotocópia e gravação) ou arquivada em qualquer sistema ou banco de dados sem permissão escrita da editora.

Diretor editorial
Frei Antônio Moser

Editores
Aline dos Santos Carneiro
José Maria da Silva
Lídio Peretti
Marilac Loraine Oleniki

Secretário executivo
João Batista Kreuch

Diagramação: Sheilandre Desenv. Gráfico
Capa: Omar Santos

ISBN 978-85-326-4797-9

Editado conforme o novo acordo ortográfico.

Este livro foi composto e impresso pela Editora Vozes Ltda.

Sumário

1 Apresentação, 7

2 Histórico da vida de São Paulo, 9

3 Novena de São Paulo, 14
   1º dia, 14
   2º dia, 15
   3º dia, 17
   4º dia, 18
   5º dia, 19
   6º dia, 21
   7º dia, 23
   8º dia, 24
   9º dia, 25

4 Orações a São Paulo, 27

5 Ladainha de São Paulo, 29

1

APRESENTAÇÃO

São Paulo é o apóstolo que não conheceu Jesus pessoalmente, mas, ao se converter, saiu pelo mundo ensinando o amor de Jesus Cristo. Antes de se converter ao cristianismo, seu nome era Saulo. Era cidadão romano, muito inteligente, de família nobre entre os judeus. Obteve uma sólida formação cultural e religiosa, estudou na escola de Gamaliel, estudando os Livros Sagrados, possuindo um zelo pela Lei de Moisés e pelas tradições do povo hebreu.

Com o crescimento rápido do cristianismo após a Ressurreição de Jesus, foi despertado por um ódio mortal aos cristãos, por ele considerados traidores, e resolveu combatê-los de todas as formas possíveis.

Deixado cego por uma luz brilhante, que ele entendeu que era o próprio Jesus, ficou por três dias na escuridão. Após ser batizado por Ananias, sua visão voltou imediatamente. Durante as suas jornadas missionárias, Paulo escreveu muitas, várias e extensas cartas. Um terço do Novo Testamento são suas cartas.

Sob o comando do Imperador Nero, Paulo teria sido decapitado, mas, de acordo com os escritos, "Atos de São Paulo", ele foi aprisionado, espancado, afogado, apedrejado e, finalmente, martirizado pela sua fé.

Ele é considerado o primeiro doutor da Igreja Católica. Por seu extraordinário amor a Jesus, São Paulo é um grande intercessor nosso junto a Deus, e fazer sua novena é uma oportunidade para conseguir, por sua intercessão, graças e, principalmente, o crescimento de nossa fé. É invocado para pedir a força de anunciar Cristo.

Este livrinho contém o histórico sobre a vida do santo, sua novena, orações e ladainha, seguidas de uma oração para o pedido da graça especial, acompanhada de um Pai-nosso, uma Ave-Maria e um Glória-ao-Pai.

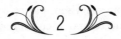

Histórico da vida de São Paulo

Saulo, nome de Paulo antes de sua conversão ao cristianismo, nasceu na cidade de Tarso, na Cilícia, Ásia Menor (Turquia), mais ou menos, segundo a tradição, há uns 6 anos antes de Jesus.

Era de família muito religiosa, falava o aramaico e o grego e conhecia também latim. Frequentou a sinagoga, onde aprendeu tudo sobre a Lei de Moisés e a seguia com ardor. Era de personalidade forte, decidido. Foi testemunha do martírio de Santo Estêvão, assistindo seu apedrejamento. Insatisfeito em sua fúria contra os cristãos, Saulo pediu ao sumo sacerdote que lhe desse cartas de recomendação para que pudesse capturar os seguidores de Jesus na região de Damasco.

No caminho, já perto da cidade de Damasco, Saulo viu uma luz, vinda do céu, que ofuscou sua visão, ele caiu do cavalo e, ao mesmo tempo, escutou uma voz, que dizia: – "Saulo, Saulo, por que me persegues?" Saulo perguntou: – "Quem sois vós, Senhor?" Ouviu então: – "Eu sou Jesus, a quem persegues".

Assustado e trêmulo, disse: "Senhor, que queres que eu faça?" O Senhor respondeu: "Levanta-te e entra na cidade. Lá te será dito o que tens de fazer." (At 9,4-5). Levantando e sem poder enxergar, Saulo foi levado para Damasco pelos homens que o acompanhavam. Estes homens, atônitos, também ouviram a voz, mas não viam ninguém.

Em Damasco, Saulo passou três dias sem ver, sem comer e nem beber. Lá, em Damasco, havia um seguidor de Jesus, Ananias, que foi ordenado pelo Senhor que impusesse as mãos sobre Saulo para que ele recuperasse a visão.

Ananias lembrou que Saulo havia ido a Damasco para matar os cristãos, mas Jesus respondeu-lhe: – "Este homem é um instrumento da minha escolha para levar meu nome às nações e aos reis, assim como aos filhos de Israel".

Ananias impôs-lhe as mãos e disse-lhe que o Senhor havia aparecido no caminho para levar-lhe o Espírito Santo. No mesmo instante, Saulo passou a ver e, convertido, adotou o nome de Paulo, que significa pequeno, pouco. Começou a pregar os ensinamentos de Jesus, porém muitos desconfiavam dele. Passou três anos na Arábia, fez penitência e, quando voltou, os judeus queriam matá-lo; avisado da conspiração, conseguiu fugir, ajudado por amigos, escondido em um cesto.

Chegando a Jerusalém, Paulo tentou aproximar-se dos apóstolos, mas eles o temiam. Foi necessária a intervenção de Barnabé, que lhes contou o que havia acontecido no caminho de Damasco, e Paulo passou a ter então toda a liberdade para falar em nome de Jesus.

Em Jerusalém, conheceu os apóstolos Pedro e Tiago, cercando-se também de fiéis, discípulos e amigos, como Barnabé, também chamado de apóstolo, e Lucas, um dos evangelistas e autor dos Atos dos Apóstolos.

Paulo seguiu para Tarso, sua terra natal, onde pregou a doutrina de Cristo e, depois, em companhia de Barnabé, dirigiu-se para Antioquia, local em que fundaram a primeira comunidade cristã. Em seguida, foi para a Ilha de Chipre e para Atenas.

Após pregar em Corinto, Éfeso e Mileto, foi preso e transferido para Roma. Na viagem, porém, por causa de uma tempestade, o navio ancorou em Malta, local em que permaneceu por três meses e fez várias conversões.

Paulo escreveu 14 cartas ou epístolas endereçadas às primeiras comunidades cristãs que constam nas escrituras sagradas. São elas: Romanos, 1 Coríntios, 2 Coríntios, Gálatas, Efésios, Filipenses, Colossenses, 1 Tessalonicenses, 2 Tessalonicenses, 1 Timóteo, 2 Timóteo, Tito, Filêmon e Hebreus. Nelas, Paulo, o apóstolo dos gentios, trata de problemas próprios à vida em comunidade. São ensinamentos para todas as comunidades cristãs.

Durante o governo de Nero, Paulo sofreu o martírio junto com o apóstolo Pedro, mas, pelo fato de ser cidadão romano, foi degolado. Sobre o seu túmulo, o Imperador Constantino mandou erguer um templo. No final do século IV, Teodósio iniciou a construção da Basílica de São Paulo "Extramuros", que foi concluída pelo Papa Leão I, no século seguinte. Esta foi destruída pelo incêndio em 1823 e reconstruída exatamente conforme o antigo desenho.

Duas festas litúrgicas foram criadas em homenagem a São Paulo. A primeira, em 25 de janeiro, para lembrar a conversão do apóstolo, e a segunda, lembrando o seu martírio, em 29 de junho, junto com São Pedro. É o santo invocado para se pedir força para anunciar Cristo.

Novena de São Paulo

1º dia

Iniciemos com fé este primeiro dia de nossa novena, invocando a presença da Santíssima Trindade: em nome do Pai, do Filho e do Espírito Santo. Amém.

Leitura bíblica: At 13,1-3

> Havia na Igreja de Antioquia profetas e doutores: Barnabé e Simeão, chamado Negro, Lúcio de Cirene, Manaém, companheiro de infância do tetrarca Herodes, e Saulo. Enquanto eles celebravam a liturgia em honra do Senhor e observavam o jejum, o Espírito Santo disse: "Separai-me Barnabé e Saulo para a obra a que os chamo". Depois de jejuarem e rezarem, impuseram as mãos sobre eles e os despediram.

Reflexão

Saulo, agora chamado Paulo, instruído na fé em Cristo, é um dos escolhidos para ir pregar as palavras de Jesus. Transformado de perseguidor dos cristãos em Apóstolo de Jesus, São Paulo é um exemplo de obediência a Deus, tornando-se um destemido evangelizador e fundador de comunidades cristãs.

Oração

São Paulo, proponho-me a conhecer, ler e divulgar vossos escritos. Alcançai-me de Deus Pai a graça de que muito necessito... (fala-se a graça).

Pai-nosso.

Ave-Maria.

Glória-ao-Pai.

São Paulo, intercedei por nós.

2º dia

Iniciemos com fé este segundo dia de nossa novena, invocando a presença da Santíssima Trindade: em nome do Pai, do Filho e do Espírito Santo. Amém.

Leitura bíblica: Rm 8,35

> Quem nos separará do amor de Cristo? O sofrimento, a angústia, a perseguição, a fome, a nudez, o perigo, a espada?

Reflexão

Ao lançar esta pergunta aos romanos, Paulo conclui, em seguida, que em "tudo vencemos por aquele que nos amou". Que nada poderá nos separar do amor de Deus e, se Ele nos ama, então, nada nos deve amedrontar.

Oração

São Paulo, como vós, quero acreditar que só com Jesus vou encontrar a paz necessária para viver. Ajudai-me a viver em paz com todos, percebendo a presença de Deus em minha vida. Concedei-me a graça que vos suplico... (fala-se a graça).

Pai-nosso.

Ave-Maria.

Glória-ao-Pai.

São Paulo, intercedei por nós.

3º dia

Iniciemos com fé este terceiro dia de nossa novena, invocando a presença da Santíssima Trindade: em nome do Pai, do Filho e do Espírito Santo. Amém.

Leitura bíblica: Fl 4,13

Tudo posso naquele que me conforta.

Reflexão

Refletindo sobre esta passagem da Epístola aos Filipenses, verificamos que Paulo crê que, com a graça de Deus, podemos tudo. A conversão dele, que perseguia os cristãos, foi por obra da graça de Deus.

Oração

São Paulo, apóstolo de Cristo, a vós me dirijo, pedindo sua intercessão para que aumente meu amor e minha gratidão por Deus. Com muita confiança, eu vos peço esta graça de que tanto necessito... (fala-se a graça).

Pai-nosso.

Ave-Maria.

Glória-ao-Pai.

São Paulo, intercedei por nós.

4º dia

Iniciemos com fé este quarto dia de nossa novena, invocando a presença da Santíssima Trindade: em nome do Pai, do Filho e do Espírito Santo. Amém.

Leitura bíblica: Rm 2,11

> [...] Pois Deus não faz distinção de pessoas.

Reflexão

Aprendemos pelos ensinamentos bíblicos que todas as pessoas são iguais e que devemos amar uns aos outros. Jesus nos ensina que devemos amar o próximo como a nós mesmos, e que não deve existir, portanto, discriminação entre as pessoas. O que deve haver é o amor infinito a Deus e aos nossos semelhantes, sem preconceito, sem julgamento e humilhação.

Oração

Ó querido São Paulo, vós que tivestes total confiança no Senhor, colocando Jesus e o Evangelho como as realidades mais importantes de vossa vida, ajudai-me a seguir vosso exemplo. Confio em vossa intercessão junto a Jesus para o alcance da graça de que necessito... (fala-se a graça).

Pai-nosso.

Ave-Maria.

Glória-ao-Pai.

São Paulo, intercedei por nós.

5º dia

Iniciemos com fé este quinto dia de nossa novena, invocando a presença da Santíssima Trindade: em nome do Pai, do Filho e do Espírito Santo. Amém.

Leitura bíblica: Cl 3,12-15

Vós, pois, como eleitos de Deus, santos e amados, revesti-vos de sentimentos de carinhosa compaixão, bondade, humildade, mansidão, paciência. Suportai-vos uns aos outros e perdoai-vos mutuamente toda vez que tiverdes queixa contra alguém. Como o Senhor vos perdoou, assim perdoai também vós. Mas, acima de tudo, revesti-vos do amor, que é o vínculo da perfeição. E a paz de Cristo reine em vossos corações. Nela fostes chamados para formar um só corpo. E sede agradecidos.

Reflexão

Esta passagem da carta escrita por Paulo, quando estava preso, aos moradores de Colossos nos ensina a olhar todos com amor, procurando sempre encontrar a imagem de Deus em todos, amando e perdoando. Somos todos seres humanos e filhos de Deus, necessitando, portanto, de paz e consolo. Ajudando os outros, perdoando, vivendo em harmonia e fazendo o bem, estaremos em paz.

Oração

São Paulo, intercedei para que a capacidade de perdoar esteja sempre em meu coração, alcançando a paz de Jesus. Suplico-vos que intercedeis junto a Deus para o alcance da graça de que tanto necessito... (fala-se a graça).

Pai-nosso.

Ave-Maria.

Glória-ao-Pai.

São Paulo, intercedei por nós.

6º dia

Iniciemos com fé este sexto dia de nossa novena, invocando a presença da Santíssima Trindade: em nome do Pai, do Filho e do Espírito Santo. Amém.

Leitura bíblica: 1Cor 13,1-7

"Se eu falar as línguas de homens e anjos, mas não tiver amor, sou como bronze que soa ou tímpano que retine. E se eu possuir o dom da profecia, conhecer todos os mistérios e toda a ciência e tiver tanta fé que chegue a transportar montanhas, mas não tiver amor, nada sou. E se eu repartir todos os meus bens entre os pobres e entregar meu corpo ao fogo, mas não tiver amor, nada disso me

aproveita. O amor é paciente, o amor
é benigno, não é invejoso; o amor não
é orgulhoso, não se envaidece; não é
descortês, não é interesseiro, não se
irrita, não guarda rancor, não se ale-
gra com a injustiça, mas regozija-se
com a verdade; tudo desculpa, tudo
crê, tudo espera, tudo suporta.

Reflexão

Paulo, escrevendo para a comunidade
de Corinto, deixa claro que Jesus ressus-
citado é que dá sentido a toda vida cristã.
O amor é tudo na vida, devendo nos acom-
panhar em todos os dias de nossas vidas. A
vida sem amor a Deus e ao próximo não tem
sentido. Assim como Paulo amou e ajudou a
muitos, vamos ser sensíveis diante do sofrimento alheio, ajudando, perdoando.

Oração

São Paulo, ajudai-me a ser sensível diante do sofrimento de meus semelhantes, au-
xiliando-me a encontrar um caminho para

amenizar tal sofrimento. A vós faço também um especial pedido... (fala-se a graça).

Pai-nosso.

Ave-Maria.

Glória-ao-Pai.

São Paulo, intercedei por nós.

7º dia

Iniciemos com fé este sétimo dia de nossa novena, invocando a presença da Santíssima Trindade: em nome do Pai, do Filho e do Espírito Santo. Amém.

Leitura bíblica: Rm 12,12

> Sede alegres na esperança, pacientes no sofrimento e perseverantes na oração.

Reflexão

Nesta passagem da carta aos Romanos, Paulo deixa claro que a oração deve estar sempre presente em nossas vidas, assim como a esperança. Fomos criados por Deus para sermos felizes e, para alcançarmos a felicidade, basta termos fé e esperança.

Oração

Apóstolo Paulo, ajudai-me a orar cada vez mais, louvando a Deus. A vós suplico, com toda fé, que me ajudeis a alcançar a graça de que tanto necessito... (fala-se a graça).

Pai-nosso.

Ave-Maria.

Glória-ao-Pai.

São Paulo, intercedei por nós.

8º dia

Iniciemos com fé este oitavo dia de nossa novena, invocando a presença da Santíssima Trindade: em nome do Pai, do Filho e do Espírito Santo. Amém.

Leitura bíblica: Gl 6,2

Carregai o peso uns dos outros e assim cumprireis a lei de Cristo.

Reflexão

Neste item da Epístola aos Gálatas Paulo fala da necessidade de se ajudar quem necessita. Estender a nossa mão a estas pessoas e ajudá-las a encontrar uma saída para seus problemas.

Oração

São Paulo, lançai sobre nós vosso olhar bondoso e inflamai nosso coração para prestar ajuda às pessoas mais necessitadas. Socorrei-me neste momento, alcançando-me a graça de que tanto necessito... (fala-se a graça).

Pai-nosso.

Ave-Maria.

Glória-ao-Pai.

São Paulo, intercedei por nós.

9º dia

Iniciemos com fé este nono dia de nossa novena, invocando a presença da Santíssima Trindade: em nome do Pai, do Filho e do Espírito Santo. Amém.

Leitura bíblica: 2Tm 4,6-8

Quanto a mim, estou a ponto de ser imolado, e o tempo de minha partida se aproxima. Combati o bom combate, terminei a minha carreira, guardei a fé. Reservado está desde agora o prêmio da justiça que o Senhor, justo juiz, me dará naquele dia; e não só a mim, mas a todos os que o esperam com amor a sua vinda.

Reflexão
Paulo, próximo de seu martírio, escreve a Timóteo, com a consciência tranquila por ter procurado ser fiel à missão recebida por Cristo.

Oração
São Paulo, obrigado(a) por nos ajudar a compreender que o amor de Deus é incondicional e que a vida só tem sentido no amor a Deus e ao próximo. Assim como vós amastes e ajudastes a muitos, vou procurar ser sensível diante do sofrimento alheio. A vós peço uma graça de que muito necessito... (fala-se a graça).

Pai-nosso.
Ave-Maria.
Glória-ao-Pai.
São Paulo, intercedei por nós.

ORAÇÕES A SÃO PAULO

Oração 1

Ó grande apóstolo São Paulo, mestre dos gentios, corajoso seguidor de Cristo, destemido evangelizador, fundador de comunidades, dai-nos este espírito de apóstolo de vosso mestre Jesus, a fim de que possamos dizer a todos: "já não sou eu quem vivo, mas é Cristo que vive em mim". Dai-nos também força para anunciar Cristo.

Iluminai a todas as pessoas com a luz do Evangelho que, com tanto amor, testemunhastes, procurando estabelecer no mundo o Reino de Justiça e de amor de vosso Mestre. Suscitai muitas vocações missionárias, que, a vosso exemplo, levem Cristo a todos os povos. São Paulo, apóstolo, rogai por nós.

Oração 2

Jesus, eu vos louvo pela grande misericórdia que tivestes para com São Paulo, transformando-o de perseguidor em Apóstolo da Igreja. São Paulo, intercedei por nós ao Senhor, para que alcancemos a graça de sermos disponíveis ao dom de Deus e nos disponibilizemos a levar o Evangelho a muitos dos nossos irmãos e irmãs. São Paulo, meu protetor, eu ainda vos peço nesse dia a graça de ser forte na fé, firme na esperança e que possa crescer em mim a compreensão e o amor para com os meus irmãos mais necessitados e doentes. Proponho-me, também, a conhecer, ler e divulgar vossos escritos e fazer com que outras pessoas os conheçam, para seguir mais perto de Jesus Mestre, que é o Caminho, a Verdade e a Vida.

São Paulo, Apóstolo, rogai por nós.

Ladainha de São Paulo

Senhor, tende piedade de nós,
Jesus Cristo, tende piedade de nós.
Senhor, tende piedade de nós.

Jesus Cristo, escutai-nos.
Jesus Cristo, atendei-nos.

Pai Celeste, que sois Deus, tende piedade de nós.
Deus Filho, Redentor do mundo, tende piedade de nós.
Deus Espírito Santo, tende piedade de nós.
Santíssima Trindade, que sois um só Deus, tende piedade de nós.
Santa Maria, Rainha dos Mártires, rogai por nós.
São Paulo, apóstolo que não conheceu Jesus, rogai por nós.

São Paulo, apóstolo dos gentios, rogai por nós.

São Paulo, destemido evangelizador, rogai por nós.

São Paulo, fundador de comunidades cristãs, rogai por nós.

São Paulo, missionário de Cristo, rogai por nós.

São Paulo, apóstolo da Igreja, rogai por nós.

São Paulo, protetor nosso, rogai por nós.

São Paulo, místico e teólogo, rogai por nós.

São Paulo, doutor da Igreja, rogai por nós.

São Paulo, consolo nosso, rogai por nós.

São Paulo, chama da esperança, rogai por nós.

São Paulo, fiel aos princípios cristãos, rogai por nós.

São Paulo, símbolo de luta e resistência, rogai por nós.

Cordeiro de Deus, que tirais os pecados do mundo, perdoai-nos, Senhor.

Cordeiro de Deus, que tirais os pecados do mundo, atendei-nos, Senhor.

Cordeiro de Deus, que tirais os pecados do mundo, tende piedade de nós, Senhor.

Jesus Cristo, ouvi-nos.
Jesus Cristo, atendei-nos.

Rogai por nós, São Paulo
Para que sejamos dignos das promessas de Cristo.

CULTURAL

CATEQUÉTICO PASTORAL

TEOLÓGICO ESPIRITUAL

REVISTAS

PRODUTOS SAZONAIS

VOZES NOBILIS

VOZES DE BOLSO

CADASTRE-SE
www.vozes.com.br

EDITORA VOZES LTDA.
Rua Frei Luís, 100 – Centro – Cep 25689-900 – Petrópolis, RJ
Tel.: (24) 2233-9000 – Fax: (24) 2231-4676 – E-mail: vendas@vozes.com.br

UNIDADES NO BRASIL: Belo Horizonte, MG – Brasília, DF – Campinas, SP – Cuiabá, MT
Curitiba, PR – Florianópolis, SC – Fortaleza, CE – Goiânia, GO – Juiz de Fora, MG
Manaus, AM – Petrópolis, RJ – Porto Alegre, RS – Recife, PE – Rio de Janeiro, RJ
Salvador, BA – São Paulo, SP